रंगों में बेरंग

(कविता-संग्रह)

रंगों में बेरंग

फ़ैज़ान ख़ान

हिन्द युग्म
hindyugm.com

ISBN : 978-93-84419-78-3

प्रकाशक :
हिन्द-युग्म
201 बी, पॉकेट ए, मयूर विहार फ़ेस-2, दिल्ली-110091
मो.- 9873734046, 9968755908

मुद्रक : थॉमसन प्रेस (इंडिया) लिमिटेड, नई दिल्ली-110001
कवि की फ़ोटो: भविष कुकरेजा
कला-निर्देशन : विजेंद्र एस विज

पहला संस्करण : 2017
मूल्य : ₹100 | $5

Rangon Mein Berang
(A collection of poems by *Faizan Khan*)

Published By
Hind Yugm
201 B, Pocket A, Mayur Vihar Phase 2, Delhi-110091
Mob : 9873734046, 9968755908
Email : sampadak@hindyugm.com
Website : www.hindyugm.com

First Edition : 2017
Price : ₹100 | $5

अम्मी, घर, दोस्त,
रिश्तेदार, गुरु, चाहने वालों,
न चाहने वालों के लिए,
सबके लिए...

असमंजस में

मैं डरता हूँ। अपने आप से। अपने आप को दूसरे के सामने रखने से। अपने को छुपाता हूँ। मैं बिलकुल खुल्ला जीता हूँ। मुझे जानने का रास्ता बिलकुल सीधा है, पतंग की डोर-सा। मुझे जानकर करेंगे क्या? मैं शून्य हूँ और आप?

ज़िन्दगी में कभी सोच भी नहीं सकता था कि मैं भी कभी लिखूँगा जो छोटी इ बड़ी ई में फ़र्क़ न जान पाता था। जिससे ज़्यादा देर तक किताब नहीं पढ़ी जाती थी। आज उसने ये किताब लिख दी। मैं बचपन से मानता था कि कुछ भी संभव है जैसे पूरे ब्रह्मांड का उस छोटे से कंचे में होना और फिर उसे तोड़ने की कोशिश। जैसे सबका चलना और एक दिन क़यामत आ जाना, मतलब मेरा मानना था और है। ये बचकाना है लेकिन मेरा है। मैं बचपन में सबके पैर देखता था राइट-लेफ़्ट, राइट-लेफ़्ट बड़े ग़ौर से, भीड़ में, अकेले में, मुझे सबके पैर एक साथ चलते नज़र आते थे सबका राइट तो सबका राइट, चाहे दूसरा इंसान उस भीड़ को कभी भी ज्वाइन करे। फिर मुझे लगने लगा जब कभी किसी एक इंसान का भी पैर पूरी दुनिया में अलग गया मतलब सबका लेफ़्ट है और एक का राइट तो उस दिन क़यामत आ जायेगी हाहाह...। पागल का समझदार होना। बुद्धिमान का पागल होना या पागल का बुद्धिमान। एक बेवक़ूफ़ का किसी भी क्षण समझदार हो जाना।

सोचो अगर हम किसी चीज़ से नफ़रत या उसे अन-लाइक न करें तो जीवन कैसा होगा। कभी सोचा है। सोचकर ही आनंद आता है तो जीने में कैसा आनंद होगा उसका अनुमान भी नहीं लगाया जा सकता। ऐसा हो सकता है सिर्फ़ एक शर्त पर, अपने आप को इंद्रधनुष बनाना पड़ेगा। हर पल, हर सेकंड, हर क्षण। सब कुछ स्वीकारना पड़ेगा। किसी चीज़ को न चाहने की वजह को भूलना पड़ेगा। वैसे कोई वजह होती नहीं किसी को कम पसंद करने की। ये गुण तो हमारे बचपन में ही हमारे दिमाग़ के सिरहाने लिटा दिया जाता है कि what is your favorite color? what is your favorite fruit ?

इत्यादि का ढेर, हमें चुनने पर मजबूर कर देता है। अगर आप कोशिश भी करते है इंद्रधनुष बनने की तो आपको diplomatic शब्द में ढाल दिया जाता है।

मुझे सच में नहीं पता होता था इसका उत्तर, उस वक़्त भी और आज भी। किसी को न चाहने या कम चाहने की वजह ढूँढ नहीं पाता हूँ। इसलिए अपने-आपको कमज़ोर पाता हूँ।

एक हँसी भी है, एक दुःख भी और एक आश्चर्य भी। मेरे बीस साल के संवाद को वो यूँ ही चुटकी में जान लेंगे जैसे अमरूद वाला उस अमरूद की चार फाँकें (टुकड़े) करके उसमें छुरी से नमक भरता है। ठीक वैसे ही मैंने इस किताब के हर बरख़ पर अपने जीवन की छुरी से नमक भरा है जिसे इसके खुलते ही चख लिया जाएगा। स्वादानुसार। ये कविताएँ कम संवाद ज़्यादा प्रतीत होती हैं। सच बोलूँ तो मुझे न कविता पता है कैसे लिखते हैं और न ही संवाद, जो आता है मन में पेंसिल से उतार देता हूँ (आजकल मोबाइल और लैपटॉप पर उतारने लगा हूँ)। एक amateur पेंटर की तरह दूर से ताकता हूँ क्या कोई खाँचा बन रहा है या यूँ ही लिखे जा रहा हूँ।

ये किताब मेरी नहीं उन लोगों की है जो मेरी ज़िन्दगी में आए चाहे वो वास्तविक रूप में हो या काल्पनिक और मेरी रूह के हर हिस्से में अपनी छाप छोड़ गए बिलकुल वैसे ही जैसे नई दुल्हन घर की चौखट की दीवार पर अपने हाथों की छाप छोड़ती है जोकि पुताई के बाद भी नहीं मिटती। धुँधली मगर रहती महफ़ूज़ है उसके भीतर कहीं। वैसे ही काफ़ी अहम लोग आए और अपनी छाप छोड़ गए। वे थे तो मैं सीखा, वे हैं तो मैं बना, वे रहेंगे तो मैं जीता रहूँगा। उन्हीं से बना हूँ थोड़ा-थोड़ा मिट्टी की धूल-सा। उन्हीं के जैसे और लोगों की तलाश है जो मुझे बनाये एक सुन्दर pot-सा।

हम सब इस दुनिया में रहते हुए भी एक साथ नहीं रहते। अपनी-अपनी दुनिया में रहते हुए भी एक चीज़ से अनजान रहते हैं कि दुनिया हम बनाते हैं भगवान नहीं (इसका अर्थ भौतिक रूप से नहीं है) जैसी चाहे वैसी बना लें। हाँ मेरे पास वो ताक़त है। आपके पास भी होगी यक़ीनन। मैं रोज़ अपने अनुसार थोड़ी-थोड़ी बनाता रहता हूँ। आप भी बनाएँ। क्योंकि नामुमकिन कुछ भी नहीं।

फ़ैज़ान ख़ान

कविता-क्रम

मैं तो ये भी नहीं जानता कि ये कविता हैं या नज़्म
जो दिल में आता है लिख देता हूँ
बस इसी बात का है रंज।

हमारे अंदर तीन 'मैं' होते हैं
एक वो जो ऊपरी तौर से बोलता है, मुख से
एक वो जो अंदर-ही-अंदर बात करता है, जिससे आप इसे पढ़ रहे हैं

और एक वो जो अंदर के भी अंदर बात करता है
या वो जो अंदर बात करने वाले को रोकता है
वैसा तब महसूस करते हैं जब कोई ख़याल आता है
और उसके बारे में सोचना नहीं चाहते
तब हमारा तीसरा 'मैं' दूसरे 'मैं' को रोकता है

अगर दूसरा मैं तब भी नहीं मानता तो मैं अक्सर
पहले मैं का उपयोग करता हूँ।
पहले मैं से अपनी जीभ काटकर दूसरे मैं का ध्यान भटकाता हूँ।

ज़िन्दगी में कभी ज्ञानी मत बनना,
वरना जीना भूल जाओगे

ज़िन्दगी में मूर्ख मत बने रहना,
वरना ज़िन्दगी का मतलब नहीं जान पाओगे।

तलाश

हमको तो चाहिए कोई अपनों-सा
जो जी लेता हो ज़िन्दगी को सपनों-सा
एक धाब्ली (पालतू कबूतर का घर) के कोने में,
जो तिनकों से पिरो लेता हो घरोंदों-सा
उस दरख़्त के साये में हम खटोला डालकर सो जाएँ
उन पीले पत्तों से ज़मीन हो जाए सोना-सा
जो मोमबत्ती की उस लोह से, करदे मचान को आफ़ताब-सा
हमें तो है अपने में खोना-सा
उस आँगन में है जाकर रोना-सा
न मिला था कोई अपनों-सा
जो जी लेता हो ज़िन्दगी को सपनों-सा
सब थे मशग़ूल अपनी साइकिलों की तिल्लियों को चमकाने में
सोचा न था कभी
चलना होगा
उस पगडंडी पर
अकेले
कोना-कोना-सा।

लेखक

सब हिचकते हैं
लेकिन फिर भी लिखते हैं
सब दिखते हैं
इस बाज़ार में सब बिकते हैं
इस बिकने की चाह ने हमें ऐसा बेच डाला
हम बिकते रहे, हम दिखते रहे
हम बिकते रहे, हम दिखते रहे
हमको साला सबने बेच डाला
मगर दुख तो इस बात का है कि हमको ख़बर है,
कि हमने ही अपने आप को बेच डाला।

हमसे हमें मत माँगो

मुझसे मेरे लफ़्ज़ ना माँगो
वो ले लिए तो नंगा हो जाऊँगा
और फिर दुबारा कपड़े ख़रीदने के लिए
ये ज़िन्दगी शुरू से शुरू करनी पड़ेगी
इतना वक़्त नहीं है मेरे पास
सच बताऊँ तो ज़्यादा वक़्त चाहता भी नहीं हूँ
क्योंकि फ़ायदा कुछ है नहीं
फिर से इन अक्षरों में साँस भरने के लिए
इन लफ़्ज़ों का सौदा करना पड़ेगा
हाँ मशहूर होना चाहता हूँ
लेकिन किरदार का मोलभाव नहीं करना चाहता
जान लिए तुमने अगर मेरे हर्फ़ों के अंदर छिपे भाव
तो मैं तो नंगा हो जाऊँगा

सब पता होगा उन्हें मेरी माथे की लकीरों के बारे में गर
फिर कैसे मैं अपना सर सजदे में झुकाऊँगा
चलो एक सौदा और कर लेते हैं आज
आधे नंगे हो लेते हैं आज हम
आधे कल तुम हो लेना
ताकि

जब मुलाक़ात एकदम से किसी गली या मोड़ पर हो
तो तिरछी निगाहें करके गुज़रना नहीं पड़ेगा।

उड़ान

मुझको भी उड़ने दो
अपनों से बिछुड़ने दो

लहरों के समुंदर में
एक छोटा–सा छेद करने दो

इस तूफ़ा के बवंडर में
गुमसुम कहर ने दो

इस दुनयावी जंगल में
एक घोसला तो पिरोने दो

इस तपती गर्मी में
सूरज की किरणों को अपने में भरने दो

इन सपनों के अँधेरे में
एक शमा तो महकने दो

उस जलते शिखर को
आज मुझे निगलने दो।

जानवर

क्या ख़ूब बनाई
क्या ख़ूब सजाई

क्या ख़ूब बनाई
क्या ख़ूब सजाई

तुमने साला वो हर चीज़ मिटाई
जो तुमने ख़ुद ना बनाई।

वो रंग

वो सुबह चिड़ियों की चचहाहट से बिस्तर का जागना
वो कोयल की कू-कू पीपल के पेड़ से आना

वो कोए का काव-काव से कुछ बातें बनाना
वो कबूतर का गुटर-गूँ भरी दुपहरी में गुनगुनाना

वो तितलियों का एकदम से गलियों में आ जाना
वो हंसों का जत्था आसमान से गुज़र जाना

वो नीलकंठ का कभी-कभी आकर तारों पर बैठ जाना
वो उल्लू का चुपके से छत पर सो जाना

वो बगुलों का तालाब की घास पर बैठ जाना
वो तोतों के झुंड से पेड़ों का भर जाना

ना जाने क्यों इन्हें रंग दिया गया काले रंग से?
मुझे भी रंग दो उसी काले रंग से
क्योंकि ऐसे नूर से क्या फ़ायदा?
जो रंगा हो
काले रंग से भी सुर्ख़ काला।

मुरसली के बीज

कभी चिलचिलाती धूप में
पेड़ के नीचे पड़े
मुरसली के बीजों को बीना है?

जोकि उस मैदान की
मस्जिद के अंदर
अड़ियल-सा खड़ा रहता है वो पेड़

काफ़ी मेहनत लगती है सही और अच्छा बीज ढूँढने में
वो तुम क्या जानो मामू के आ जाने का डर
मामू से छुपकर
उनकी दुकान के काउंटर के नीचे से
घोड़ा बन कर गए हो कभी?

फिर उन्हें नलके के ठंडे पानी से धोकर
ठंडी हवा के झोंकों से सुखाकर

आँगन के ठंडे फ़र्श पर
अमरूद के पेड़ की छाँव में
सितारों-सा फैलाकर
एक उँगली से खेला है कभी?

कुछ

कुछ ने चाहा हमको
हमने चाहा, कुछ को

वो कुछ किसी और
कुछ को चाहने लगे

इस चाहने के सिलसिले में
हम कुछ ना रहे।

कैसे

ग़ालिब, मीर, ज़ोक़, फैज़, गोरख़, गुलज़ार
कैसे रह सकते थे अपने मैं से जुदा
या उस क़लम की स्याही से दूर?

कैसे इबादत करने वाला रह सकता है
दूर अपने भगवन से,
जबकि उसे ख़ुद को पता है
कि उसी के दिल में है ख़ुदा?

कैसे रह सकते थे दूर कृष्ण राधा से,
मजनू लैला से, रोमियो जूलिएट से
या साहिबा मिर्ज़ा से?

कैसे रह सकती है बच्चे की मुस्कान दूर
ईद के चाँद की ख़ुशी के बिना
दिवाली की रात रौशनी देखे बिना
लोहरी में गजक खाए बिना
सोते हुए, सेंटा के इंतज़ार के बिना?

कैसे रह सकता है भगत का साफ़ा,
ग्वेरा की टोपी से दूर
लेनिन के गाने, स्टॉलिन के कान सुनने पर मजबूर
साहिर ने मॉरिसन से कुछ कहा है
इधर बॉब, बिस्मिल से मिल आया है

कैसे रह सकता है हिंदुस्तान
उस पाकिस्तान और बंगलादेश की मिटटी से दूर?

देखो अबतो हरी, मोसेस, ईसा,
मोहम्मद के संग आ रहे हैं

तो फिर तुम 'कैसे' रह सकते हो
एक दूसरे से जुदा ?

अभी छोटे हैं

यार वो फूफा की दुकान से
दो रुपे का पीला माँझा लादो
क्या ?
अरे ढील का, खींच का नहीं
क्योंकि हम अभी छोटे हैं

यार वो भाइयों से छत पर
चुपके से पिटने वाली
पिटाई से बचालो
अरे
मैं लड़ नहीं पाता
क्योंकि हम अभी छोटे हैं

कोई बाजी से मेरा आम तो वापस दिला दो
मैं छीन नहीं पाता हूँ
क्योंकि हम अभी छोटे हैं

कोई कभी तो मुझे पापा से
एक बार बात-चीत में जिता दो
बहस नहीं कर पाता हूँ
क्योंकि हम अभी छोटे हैं

कोई टीचर के उन डंडों की
पिटाई से बचा लो
मैं इतना पढ़ नहीं पाता हूँ
क्योंकि हम अभी छोटे हैं

कोई स्लिप पर चढ़कर डब्बे में से

एक पेड़ा चुरा कर दे दो
हाथ नहीं पहुँच पाता
क्योंकि हम अभी छोटे हैं

कोई मेरे साथ रात को
ऊपर वाली छत से नीचे
मेन दरवाज़े तक चल दो
पापा आए हैं
डर लगता है अँधेरे में
क्योंकि हम अभी छोटे हैं

कोई नानी से दो रुपे दिलवा दो
शर्म आती है माँगने में
क्योंकि हम अभी छोटे हैं

कोई उस स्कूल की बेंच पर दुबारा बिठा दो
घुटने अड़ते हैं अब उस लकड़ी के फट्टों में
क्योंकि हम अब छोटे नहीं रहे।

खरगोश

गर शक है मुझ पर
तो अपने आप से पूछ लो
या अपने इंसान से पूछ लो
नहीं गर ख़ुदपर भी यक़ीं
तो अपने भगवन से पूछ लो
उठ गया हो यक़ीन
गर उस पर से भी
तो उस बच्चे की मुस्कान से पूछ लो
कहेगा वो भी यही
कि तुमने ही मारा है
उसके विश्वास को
जो हो गया था हवस में, बेनक़ाब वो
सर झुकाए ख़ुदा भी खड़ा था
जब आँसू ज़मीन से आसमान जाकर पड़ा था
हिल गया था सन्नाटा भी
कि मुझसे भी गुमसुम
ये कौन खड़ा था

था उल्टा वो शर्मिंदा
कि किया ये मैंने किस भेड़िये पर यक़ीन

क्या हर सदी खरगोश को ही मरना था
जंगल को पहले से ये सबकुछ पता था
तो पहले से ही क्यों नहीं उस बच्चे को
ये शिक्षा में मिला था

जबकि हर बार यही इतिहास दोहराया जाता था
वो अंकल, वो चाचा,वो टीचर, वो भइया

वो साइकिल, वो स्कूटर, वो कोना, वो सोफ़ा

अब तो स्कूल की ड्रेस पर भी दाग़ लग गया था
फिर भी सारा जंगल सुनसान ही खड़ा था

थे लेटे सिर्फ़ दो, वो और खरगोश

अब तो वो उछलना भी भूल गया था
जैसे कि बिल ही बंद हो गया था

टेबल के नीचे दिमाग़ से कुछ कह रहा था

क्या तुमने वो सुना था?

मेरी कहानी

मेरी कहानी सुनो, मेरी ज़ुबानी
जो बस दो पल में है कह जानी
था मैं पहले मिट्टी की धूल-सा
फिर
उसने मुझे ढाँचे में ढाला
लेकिन किसी ने मुझे रद्दी भर भी न ताका
शायद थी ग़लती ऊपर वाले की मुझे तराशने में
या फिर मेरे मैं ने ही मुझको न पहचाना
सबने मुझे हताशा
मैं रहने लगा था गुम-सुम-सा, चुप-चाप-सा
चलते-फिरते हर एक निवाला खाते
मेरे अंदर-ही-अंदर वो कुछ कहता था
कुछ हलचल-सी करता था
बेफ़िज़ूल हवा से बातें करता था
सड़क पर चलते हर चीज़ को गिनता था
फिर तो महफ़िल में बैठे हुए भी करता था
गुफ़्तगू अपने-आप से
अब उसे किसी की ज़रूरत न थी
रच लिया था अपनी चंद उँगलियों से पूरा संसार
जिसमें न कुछ खोता था, न पाता था
न झूठे फ़साने थे
न नक़ली बेगाने थे
मस्त था उस छोटी-सी दुनिया में
जहाँ सब अपना था
लगता नहीं था कुछ सपना-सा

लेकिन उसी वक़्त न जाने क्यों
लोगों ने एक पल के लिए ताका

वो ताकने का सिलसिला चलता रहा
हम भी चलते रहे

रुखों ने
वक़्त को ऐसा मोड़ा
कि आज हम दो अलफ़ाज़ बयाँ कर रहे हैं
और सब कैसे उस नाचीज़ को शिद्दत से सुन रहे हैं।

चलो ना

मेरे अलफ़ाज़ खो रहे हैं कहीं
चलो कि क़ब्र की नाप ले ली जाए

मेरी हँसी कहीं पीछे छूट रही है
चलो कि उस कंचे को फोड़ दिया जाए

वो बुद्धिजीवी, वैज्ञानिक अब समन्दर के छेद से
टाटा करते हाथ दिखा रहे हैं
चलो कि सब कुछ ख़ाक कर दिया जाए

अब सूरज की गर्मी बढ़ रही है
चलो कि एक मुट्ठी बर्फ़ लेकर सूरज पर जिया जाए

बच्चे मसरूफ़ हैं अपनी ही ग़फ़लतों में
चलो कि लोहार से कह दो वो झूले बनाना बंद कर दे

मेरा छाता अब संग रहने लगा है
चलो कि बारिश से सिफ़ारिश की जाए, कि कभी यूँ ही बरस जाए

बर्फ़ पिघलकर पानी हो रहा है, ऐसा टीवी वाले बाबू कह रहे हैं
चलो कि अब समुन्द्र के अंदर ही रहा जाए

अब तारे दीखते नहीं हैं
चलो कि सब मिलकर और अँधेरा करें।

सब बकवास (अंट-शंट)

ये सब बकवास है, नया तो कुछ है नहीं
फिर भी ये ख़ास है
अच्छा तो ये सब के दिल की बात है
लेकिन आई तो मेरे अभी ये ज़ेहन में बात है

तो फिर क्या ख़ास है ?

एक जनाब- लिखते नहीं हो बढ़िया, फ़ैज़ान मियाँ
क्या उनसे कहे अब ?
कि लाए कहाँ से वो अब नई बातें

जनाब- अरे तो कुछ ऐसा लिख दो जो ऐतिहासिक-सा हो जाए
वही तो कर रहा हूँ

जनाब- क्या कहा ? चलो फिर उन बड़े लेखकों की तरह
कुछ अंट-शंट लिख दो,
जो सर के ऊपर से चला जाए

उन बड़े लेखकों को ख़ुद नहीं मालूम आजतक
कि वो कब बड़े हो गए
और फिर वो अंट-शंट भी कहाँ से लाए
वो भी तो पुराना हो गया है

जनाब- तो फिर क्या शेष है ?

तुम्हें पता है, उनमें और मुझमें क्या फ़र्क़ है ?
जनाब- नहीं, हाँ शायद नाम, उम्र...

अरे बिलकुल नहीं
वो सब हुए थे पहले पैदा हमसे
इसलिए गुनेहगार हम बनते हैं

बस इतना सा ही फ़र्क़ है
वरना जूते हमारे भी फटे हैं

लो बातों बातों में लिख ही दिया ना
अंट-शंट।

वो लिहाज़

दम घुटता है अब उनके साथ बैठने पर
कुछ कहने पर सोचना पड़ता है
हँस दिए तो क्या होगा ?
ख़ामोश रहे तो फिर ?
सोचता हूँ अलग हो जाऊँ अब
रहा नहीं उनमें-मुझमें कुछ ऐसा ख़ास
ख़ास तो वैसे पहले भी कुछ नहीं था
लेकिन कुछ था जो रखता था
एक-दूसरे का लिहाज़

वो लिहाज़ कहाँ है ?

कहाँ है ?
वो चाय या उसके पैसे भरने की तकरार
वो सुट्टे पर ख़र्च पैसा
या
नाक में घुसता धुआँ
वो बाइक पर तीन-चार सवार
या
रेड लाइट पर, पुलिस का छोटा-सा वार
वो किताबों, नाटकों, फिल्मों पर बात
या
उसपर एक-दूसरे का अधूरा ज्ञान
वो रोज़-रोज़ की चिक-चिक
या
एक-दूसरे के लिए प्यार
वो एक गद्दे पर तीन का ऐडजस्ट होना
या

खर्राटों की बीन

वो बेफ़िज़ूल घरों पर आना
या
ख़ुद मेहमान बन जाना
लेकिन सिर्फ़ खाना खाने तक के लिए

वो बिना बात पर मार
या
एक-दूसरे पर उधार
क्या?
अरे मुक्के और चाँटे, पैसे तो हमने कभी गिने ही नहीं

वो नुक्कड़, वो लड़की, वो पैसों की कड़की,
वो नज़रे गढ़ाना, वो इशारों में समझाना,
वो एकदम से चिल्लाना, वो बीच सड़क पर उतर जाना,
वो धारों से पेंच लड़ाना, वो मेट्रो की खिड़की,
वो किस पर थी मरती?
वो डी-डी, वो पेड़, वो चबूतरे का ज्ञान,
वो ज़मीन पर पड़ा गिलास,
वो तीन बूँद मिट्टी के साथ

कहाँ हैं वो सब?

अलग होकर जाऊँगा कहाँ लेकिन?
जहाँ पहले था वहीं और कहाँ?
वहाँ तो अब कोई और होगा

तो फिर... कहाँ?
चलो ये कल सोच लेंगे

अभी एक बात पर बात चल रही है
उसका लुत्फ़ उठा लें

दम तो कल भी घुटना है
तो आज ख़ुद क्यों घोंटे ?

ख़्यालों का समंदर

कुछ सिक्के ज़मीन पर बिखरे पड़े हैं
मैं उन्हें उठाना नहीं चाहता

कुछ इश्क़ में डूबी चिट्ठियाँ दरख़्त में दबी पड़ी हैं
मैं उनके जवाब देना नहीं चाहता

कुछ लोग बाहर खड़े हैं
मैं उनसे मिलना नहीं चाहता

कुछ रिश्ते टूटे पड़े हैं
मैं उन्हें जोड़ना नहीं चाहता

कुछ सुकून मेरे तकिये के नीचे छिपा है
मैं सिर उठाना नहीं चाहता

कुछ ख़्याल अभी बाकी हैं
मैं उनमें घुल जाना चाहता हूँ।

केवल मन

समय चाहिए मुझे बहुत सारा
जिसमें विलीन हो सके समय की घड़ी

मैं सोच सकूँ किसी चबूतरे पर बैठकर
एक सदी से दूसरी सदी।

महजबी

न आती है इंग्लिश, न आता है विज्ञान
फिर भी है उनके पास ज़िन्दगी का भरपूर ज्ञान

न देखा मैंने अल्लाह न देखा भगवान
जब देखूँ उनको, हो जाती है सारी मुश्किलें आसान

लफ़्ज़ नहीं मिलते हैं
कैसा हूँ मैं लाचार?

मैं तो बस इतना जानूँ
एक ही है मेरा अमनो-ईमान

ना रहती वो जब घर पर
घर लगता चार दिवारी-सा कंकाल

तब होता एहसास कि जब होती वो पास
न रहता किसी भी चीज़ का आभास

काले रंगों को सोककर
रखती घर को सुफ़ैद

रंगों को सोक-सोककर
माथा लकीरों से भरा गया है

अब तो वो हथेलियों को मिलकर
बनने वाला चाँद भी धुँधला-सा हो गया है

कैसे उन फटी एड़ियों की दरारें

दिन–ब–दिन बढ़ती जा रही हैं

अब तो मेरे माथे पर भी हल्की–हल्की
लकीरें दिखने लगी हैं

कि कैसे अपने हाथों की लकीरों को उतारकर
उनका चाँद फिर से भर दूँ

लेकिन फिर भी, उनके नूरानी चेहरे पर न दिखता
कोई शिखर ओ ग़ैब

अधूरे से लगते हैं ये अक्षर
इनको पूरा करूँ भी तो कैसे ?

मेरी इतनी हैसियत ही नहीं
जो शब्द लाऊँ महजबी के लिए।

बंद

मैं चाहूँ पेड़ों को, मैं चाहूँ पक्षियों को
मैं चाहू गगन को, पूरे संसार को

मैं चाहूँ यारों को, मेरी ग़ीबत करने वालों को
मैं चाहूँ पूरे संसार को

वो चाहे कुछ को, अपनों से हम को
वो चाहते हैं,
मैं भी चाहूँ कुछ को

लेकिन मैं तो चाहूँ पूरी क़ायनात को
शायद इसलिए न चाहे वो मुझको

होता होगा यही दस्तूर-ए-ज़िन्दगी

इसलिए तो,

आज मैं चाहूँ कुछ को
वो चाहते हैं मुझको।

रंग- जो उतारे न उतरे

कुछ लोगों की
मसलदानी (मसाला कूटने वाली वस्तु) रही होगी काफ़ी बड़ी
तभी तो, मसालों के सुर्ख़ रंग से भी
ज़्यादा सुर्ख़ हैं इनके भीतर नफ़रतों का रंग
जिसके उड़ते ही, इंसान निचुड़ जाता है
जो कड़वी ज़ुबानों के चटकारे लगाता
आ रहा है एक पीढ़ी से दूसरी पीढ़ी, लगातार
बिना अपना रंग और स्वाद खोए, निरंतर रूप से

क्यूँ ना?
इन मसालों को घोलकर
एक मोमिया में लपेटकर
फेंक दिया जाए इतना दूर
कि जितना इंसान है इंसान से दूर।

हे! प्रभु

जीभ जब उचट जाएगी तुम्हारी
काले-काले ज़हरीले
नफ़रतों वाले रंगों से
तब तुम घिसोगे ज़ुबान

उस बच्ची के चूतड़ से
उस मर्द के लिंग से
उस औरत के वक्षों से
उस लड़के के मुलायम हाथों से

तब भी न उतरे उस पर से
तो तुम खींचकर, उस पर चलोगे
बुलाओगे औरों को चलने के लिए
जिन्हें रौंदा था
तुमने भीड़ में
वही आज तुम्हारी ज़हरीली, रंग चढ़ी
जीभ पर चलेंगे

तुम लेकर मोची का सुआ
सीने बैठोगे रेल की पटरी पर
अपनी कटी-फटी ज़ुबान

तब तुम्हारे मुँह पर
लैट्रीन का डब्बा मारकर
तड़पने के लिए छोड़ दिया जाएगा
किसी कूड़े के ढेर में

फिर एक नन्हा बच्चा

जो उन्हीं वक्षों से
पी रहा होगा दूध
जिनसे तुम परिचित रह चुके हो

थामेगा तुम्हारा हाथ
और, कहेगा
अबकी बार ये चूतियाप मत करना

वरना मेरी बड़ी बहिन
जोकि
ख़ुदा से मिल आई है
काट देगी तुम्हारा अंग-अंग

और उछाल देगी हवा में
कहेगी चीखकर
कि, अब इसे भगवान को खाना होगा।

दूर कहीं

मेरी ज़िन्दगी उस पतंग-सी हो गई है

जिसे जितना दूर उड़ाओ
उसकी डोर उतनी भारी होती जाती है

रूह की इस चरखड़ी में
जैसे अब जीवन की सद्‌दी ही नहीं है

मेरी ज़िन्दगी को वापस उतारने के लिए
अब ये हाथ चाहकर भी
उस हुचके को छू नहीं पाते

और छुए भी तो कैसे ?

मेरी ज़िन्दगी तो उस पतंगबाज़ की तरह हो गई है
जो तेज़ बारिश आने पर ना उसे वापस खींच सकता है
और न ही ढील दे सकता है।

महसूस

इन हवाओं में कुछ है नहीं
फिर भी क्यों इन हवाओं से ही
हर उन लम्हों की शुरुआत होती है

इन हवाओं से ही दिलों में
जुगनुओं की चमचमाहट होती है

इन हवाओं से ही तो
मुँह से उन तीन लफ़्ज़ों की फुसफुसाहट-सी होती है

फिर हवाओं से ही तो
इशारों में तकरार और इश्क़-ए-इज़हार होता है

वो उसके चूमते हुए
होंठों के बीच से निकली हुई हवा का स्पर्श

रात को सोते हुए नाक से निकलती हुई हवा
और फिर उसका मुँह फेरकर हवा में कुछ फुसफुसाना

ये हवा में ही तो कुछ है
जो इतने मिलो दूर के फ़ासले को कम कर देती है
वर्ना इन फोनों में ऐसा क्या ?

शायद लोग मरने के बाद आसमान में नहीं
हवा में समाँ जाते हैं

तभी तो अपने-आप से नहीं हवाओं से बात करते हुए पाते हैं

आज मैं भी उन पागलों में मशग़ूल हो गया हूँ
करूँ भी तो क्या?
उन चंद दिनों की जुस्तजू ने
मेरे शरीर में उन हवाओं का आना-जाना-सा रोक रखा है

वो मेरे शरीर के अंदर की हवा में
रोम-रोम में बसी है
उसके शरीर की ख़ुशबू
मेरे मन की रूह का इत्र बन चुकी है

किस हवा से पूछूँ?
अपने गुनाहों की ख़ता
जिस हवा ने मुझे मेरी ज़िन्दगी की सबसे ख़ूबसूरत हवा दी थी, उससे?

आज उसी हवा ने मेरा वो इत्र मुझसे छीन लिया है
दिल करता है, उस छीनने वाली हवा से लड़ूँ,
पागलों की तरह इन हवाओं में हाथ-पैर चलाऊँ
और कहूँ
तुझे क्या हक था मुझसे मेरी ख़ुशबू छीनने का?

ऐ हवा तूने मेरा इत्र क्यों छीना, क्यों छीना?

अब इन हवाओं और मेरे मुँह से निकलने वाली हवा की फुसफुसाहट
के सिवा कुछ नहीं है

अब ये हवा ही मेरा इत्र है, मेरे जुगनू है,
मेरे खर्राटे हैं, तकरारे हैं, लफ़्ज़ इज़ाहरे हैं

अब बस मैं और मेरी ये हवा है

कौन कहता है ?
इन हवाओं में कुछ नहीं होता ?

इन हवाओं से ही तो हम हैं
और हमसे ये हवा।

गुटर-गू

एक क्षण बैठता हूँ
एक क्षण उड़ता हूँ

एक दाने की ताक में दिन-दोपहरी भटकता हूँ
एक चोंच पानी पी, पूरे आकाश की उड़ान भरता हूँ

सिर्फ़ दो ही पंख से पूरे आसमान में आस भरता हूँ
मैं रहता हूँ आवारा-बंजारा-सा, मुझे ना भाता झुंड

शायद इसलिए कहते हैं मुझे सब जंगली
न कटता मुझसे जीवन चार दिवारी

मैं तो हूँ आवारा मस्त गगन का मारा
रहने को चाहिए बस दो तिनकों का सहारा

मैं बैठकर भी न रुक पाता हूँ
एक क्षण में पूरा संसार देख जाता हूँ

एक ही वाणी आती है मुझको
उसी से सब कह जाता हूँ

मैं तो हूँ आवारा मस्त गगन का मारा
दो पंखों से आसमान जीत लेता हूँ

मैं तो हूँ आवारा मस्त गगन का मारा
दो पंखों से ही गगन चूम लेता हूँ

मैं तो हूँ आवारा मस्त गगन का मारा...
मैं तो हूँ आवारा मस्त गगन का मारा...

ख़ुशबू

क्या ख़ुशबू थी वो
छोटे-छोटे कमरों की, देहलान की
छोटा-सा टी.वी. था
लेकिन दिल सबके बड़े थे
ज़रा चैनल आगे से बढ़ाना
थोड़ा पर्दा तो उधर कर दो
तख़त की लकड़ी में से आती वो ख़ुशबू

नलके का ठंडा पानी, अहहहाहह
जिसको पीलो तो आबेज़मज़म-सा,
नहा लो तो गंगाजल-सा
उस ख़ुशबू को महसूस या सूँघा है कभी?

जब आँगन में पानी से छिड़काव करते हैं
तो कैसी सुगंध-सी उस मिट्टी की धूल से निकलती है
कभी फ़ुरसत मिले, तो सूँघना

पट्ट की आवाज़ से जब अमरूद गिरता था देहलान में
तो कैसे दौड़ लगती थी उसे अपना करने के लिए

ख़ाना ख़ाने के वक़्त की बेचैनी
जो आम उस बाल्टी में भीगे पड़े हैं
सबसे बड़े मेरे हिस्से ही आए
जिसे नानी अब धीरे-धीरे काटकर प्लेटों में रख रही है
आम खाने के बाद की भी बैचेनी
कि
कोई तो अपनी गुठलियाँ इस मासूम बच्चे को दे दे।

सुबह लोग पार्क जाते हैं
हम रेलवे स्टेशन जाया करते थे
छह बजे उठकर
नाना जी के मस्जिद से आने का इंतज़ार
उसी तख़त पर बैठे किया करते थे
उस सुबह की अलग ही ख़ुशबू होती थी
और फिर आते वक़्त नाना जी को थोड़ा चूना भी लगा देते थे,
दही-जलेबी लाकर

क्या मधुर आवाज़ थी दोपहर के सन्नाटे की
शाम की सर-सर करती हवा में छत के अंटे पर चढ़ जाना
और फिर तेज़ आवाज़ में कुछ भी चिल्लाना

रात को गलियों में टहलना
और लोगों का गेट खटका कर भाग जाना

छत पर जमघट लगा कर तेज़ आवाज़ में अंताक्षरी खेलना
और फिर डाँट सुनते ही धीमी आवाज़ में
अपने-अपने बिस्तरों पर सेट हो जाना
कि
कल फिर वही ख़ुशबू इंतज़ार कर रही है हमारा।

छुरी अभी गर्म है

काट लो अपनी ज़ुबाँ
सब लोग
अपने-अपने हाथ से

गली में, छुरी पर धार लगाने आया है वो
उसके केरियल पर बैठा बच्चा
कह रहा है

उसने सुन ली हैं सारी बातें
और देख भी लिया है सब कुछ

अपने कंचे से कह दिया है उसने
ऊपर जाके बताएगा सब कुछ
कि, ये हरामी लोग
पता नहीं क्या-क्या सिखाते हैं
और न जाने आगे क्या सिखायेंगे

ये हरामी बोलना भी इन्हीं से सीखा है

इससे पहले कि उस बच्चे की गुफ़्तगू हो
ऊपर वाले से
तुम लिंग से लेकर मुँह तक
जुड़ी जीभ को
गले में हाथ डालकर
काट दो
क्योंकि
छुरी अभी गर्म है।

वो देग़ का धुआँ

ये पत्ते भी हँसते हैं
ये पलंग भी बोलते हैं
आँगन में पड़े कुछ अमरूद
उन नन्ही आँखों से कुछ कहते हैं
वो नलके का हत्था,
वो छतों पर लोगों का जत्था
वो देग़ का धुआँ
वो निक़ाह की दुआँ
वो लटकी तस्वीरें
मचान पर पड़ी कुछ क़ीमती चीज़ें
वो ईद का मेला
क्या कुछ अभी है खेला?
घरों में छुपंग-छुपाई
पाँच रुपे किसको हैं पाए
दो रुपे की आलू की चाट
दो रुपे का विडियो गेम
एक का गन्ने का जूस
बकरा ईद पर जाते ऊँट
शादी के पैसे लूट
शरबत का मुझे भी दे एक घूँट
वो दीवारे रोती हैं
गलियाँ कुछ खोती हैं
वो बूढ़ी नज़रें अब भी मुझे ढूँढती हैं।

तवज्जो

उनको तो कुछ समझ ही ना आया था
और
यहाँ हमने लिख–लिखकर पेंसिल काग़ज़ घिस डाला था
कमी रह गई थी 'क्या' जज़्बातों में?
जो शब्दों का आकार ही पसंद न आया था
ये सोचकर वो बैठे थे पहले से ही
कि अब पहलू में क्या रखा था?
कर लेते गर थोड़ी भी तवज्जो
तो यूँ उनका–हमारा हाल न होता
अब तो समझ में भी नहीं आता
कि
कैसे बताएँ कि उस कविता में क्या कुछ गढ़ा था
खोद लेते गर नज़रों से अक्षरों को तो
उनमें क्या कुछ अन–कहा था?
रही थी हमारी ही ग़लती उन्हें समझदार समझने में
या फिर
हमें अपने दिमाग़ का हाल ही ना पता था।

छोर

लो आज उस लकीर का छोर भी खो दिया
जिसे संभालकर सदियों से रखा था
हाथ से फिसलना पहले उनसे शुरू हुआ था
आज ख़त्म भी तो उन्हीं से हुआ है
हम तो बीच में ही रह गाए

क्या अब वो लकीर दुबारा खिचेगी ?
चलो इतने सितारों में से कोई बिंदू ढूँढ लें
वहीं से तो होती है उन लकीरों की शुरुआत
लेकिन उस ख़ुदा से ये भी कह दो
कि
पकड़ा दे हमें वो पहले-सा ही छोर
ताकि बीच रस्ते में उन्हें टटोलना न पड़े

वक़्त बहुत ख़र्च हो जाता है उस सिलसिले में
रहा तो वैसे अब वक़्त और भी नहीं
क्योंकि ये छोर भी तो पहला नहीं था।

‘तो’ से

जब तुम हँसती हो, तो हँसती हो
जब बोलती हो, तो बोलती हो

जब मैं बोलता हूँ तब हँसता हूँ
और जब हँसता हूँ तो बोलता हूँ

जब हम दोनों हँसते हैं तो
तो हम मौन होते हैं

जब हम दोनों मौन होते हैं
तो हम बोलते हैं

जब तुम ग़ुस्सा करती हो
तो मैं चिंतित होता हूँ

जब मैं चिंतित होता हूँ
तो ग़ुस्सा करता हूँ

जब हम ग़ुस्से में होते हैं
तो हम प्यार में होते हैं

जब हम प्यार में होते हैं
तो हम इस दुनिया में नहीं होते।

दो शब्द

कोशिश हमने बहुत की
लेकिन वो कुछ चाहते ही नहीं थे
मुँह फेर-फेर के वो गुज़र रहे थे
और हम सामने आने के बहाने ढूँढ रहे थे
अब तो बहाने भी ख़त्म होने लगे थे
वो भी कहीं और जाने लगे थे
दो शब्द बोलने थे
वो भी निहत्थे हो चले थे
जब नज़र पे नज़र पड़ी
हमें ख़ुद पर शर्म आ पड़ी
कि कैसी कोशिश में हम थे लगे
ये साला ऐसा भी क्या फ़ैज़
जो किसी को फ़ैज़ न दे पाया
होती गर थोड़ी भी हमारे पास ताक़त
तो आज उन्हें यहाँ खड़ा कर देते
और हम वहाँ हो लेते
तब पता चलता उन्हें
कि
फ़ैज़ यूँ ही फ़ैज़ान नहीं था।

पानी

तोड़ दिया वो धागा जिसमें गाँठें लगी थीं
थक गए थे हम गाँठें लगाते-लगाते
और शायद वो धागा भी

कोई कैसे उड़ा सकता है कच्चे धागे (सद्दी) से पतंग?
जबकि उसे मालूम हो कि आसमान में जाते ही उसकी पतंग टूट जायेगी

कोई कैसे नाटक करे साथ होने का?
कोई कैसे नाटक करे अपने होने का?
कोई कैसे नाटक करे नाटक करने का?
कोई कैसे ?......

एक ही तो आवश्यकता थी मेरी
कि पारदर्शी रहे वो
वो अपने रूह पर झिल्लियों का ढेर लगाये थे
हमारे मना करने पर भी
एक पर्दा भी न हटाये थे

तो कैसे रह सकते थे हम पास
अब आप ही बताओ

दिया क्या कभी बाती से कुछ छुपा सकता है?
या पेड़- पत्तों से?
या कमल- कीचड़ से?
या कंचे- उन जेबों से?
सूरज- चाँद से?
चाँद- शायरी से?
शायरी- शायर से?

शायर– ख़्यालातों से ?

तो फिर कैसे ?

तो फिर कैसे तुम छुपा सकते हो अपने–आप को हमसे ?
नहीं ये बिलकुल नहीं हो सकता
मेरी शर्त मान लो या आज से अपने आपको अपना मान लो
मेरे बस की नहीं, ये डोर तुम ही थाम लो

जबतक दूसरे छोर का शख़्स न दिखे
साफ़–साफ़
बिलकुल पानी–सा।

क्या वो रुकती?

आज मिले हम उनसे
कोशिश थी कि सब कुछ बयाँ कर देंगे
लेकिन एक शब्द के अलावा कुछ कह न पाए
कैसे नामाकूल हैं हम
लेकिन वो भी तो कुछ सुनना नहीं चाहती थी
देखकर कैसे अनदेखा करा था
काश रोक लेते कुछ कहकर
लेकिन क्या वो रुकती?
ये सुनने के लिए
कि आज मैं शुरू से शुरू करने आया था
या फिर आख़िर से ख़त्म
उसी की एक चीज़ कब से मेरे पास महफ़ूज़ थी
उसी को देने आया था
क्योंकि उसका अब कुछ काम रहा नहीं मेरे पास
सोचा था कभी मिलेंगे
तो पूरा करेंगे उस चीज़ को
वैसे भी एक यही तो बहाना था

बस इतना-सा ही तो कहना था
लेकिन कोई शिद्दत उनकी आँखों में दिखी नहीं
और वो 'क्या' हमारे ज़हन से गया नहीं
मैं तेज़ आँधी की तरह चलता हुआ वहाँ से आने लगा
आसमान की तरफ़ देखा तो कुछ आँखों में पानी-सा आने लगा था

लेकिन, तभी
मैं मुड़ा और फिर हिम्मत जुटाकर
हारी हुई शक्ल लेकर एक उम्मीद में फिर पहुँचा

लेकिन किसको पता था कि उनके पास एक नज़र वक़्त ही न था
ज़मीन को देखते हुए वापस घर आ गए
ताकि फिर से वो पानी इन आँखों में न आए
गर आ भी जाए तो यहीं गिर जाए।

शक्तिहीन

लोग न पढ़कर, कमज़ोर होते हैं
ऐसा लोग कहते हैं
लेकिन
हम तो जितना पढ़ते जाते हैं उतना
और कमज़ोर होते जाते हैं
ऐसा क्यों ?

बहुत रिस लिया

बहुत हो गया
बहुत, हो, गया

अब तो यार मान जाओ
हिन्दू, मुस्लिम करते-करते सारा जहाँ खो गया
चाहते क्या हो ?
ये तुम्हें क्या हो गया ?
पानी सिर से ऊपर नहीं
अब तो
सर पानी की ग़र्द में खो गया
मान जाओ भाई मेरे
100 बार हो लिया
इंसान तो हो न ?
या वो हक़ भी खो दिया
चाहते क्या हो ?
अभी तक समझ ना पाया
रावण और इबलीस की कहानी भूल गए ?
तब भी तो हुई थी दिक़्क़तें
तो आज ऐसा क्या हो गया ?
मान जाओ यारो
मान जाओ
अब बहुत हो लिया
कभी थक भी जाओ
तुम्हारा तो इंसान भी रिस लिया

चाहते क्या हो ?
आख़िर चाहते क्या हो ?

होते है / नहीं होते

जो लेखक होते हैं
वो लेखक नहीं हैं

जो गायक होते हैं
वो गायक नहीं हैं

जो अमीर होते हैं
वो अमीर नहीं हैं

जो क्रूर होते हैं
वो क्रूर नहीं हैं

जो अच्छे होते हैं
वो अच्छे नहीं हैं

जो कवि, अभिनेता, नेता, एथलीट, पेंटर आदि होते हैं
वो वो नहीं होते हैं

अगर होते
तो वो बनना क्यों चाहते ?

जो कहते हैं कि हम हैं
वो होने की प्रक्रिया से भी हाथ धो बैठते हैं

इंसान, कभी इंसान नहीं होता।

होता क्या ?

क्या होता ?
अगर 'क्या' ना होता ?

होता अगर 'मैं' नहीं
तो फिर क्या होता

इंसान अगर जानवर नहीं होता
तो क्या होता ?

जानवर अगर जानवर नहीं होता
तो क्या होता ?

भगवन अगर भगवन नहीं होता
तो क्या होता ?

क्या अगर 'क्या' न होता तो क्या होता ?
क्या ही होता क्या ?
क्या अगर क्या न होता ?

दया कर ली

सब दया में जीना चाहते हैं

ग़रीब कभी ग़रीब नहीं होता अगर वो ग़रीबी पर दया न करता
अनाथ कभी अनाथ नहीं होता अगर वो अनाथ होने पर दया न करता
स्त्री कभी स्त्री न होती अगर वो स्त्री होने पर दया न करती
बीमार कभी बीमार न होता अगर वो बिमारी पर दया न करता
शुद्र कभी शुद्र नहीं होता अगर वो शुद्र होने पर दया ना करता
भगवान कभी भगवान न होता अगर कोई भगवान पर दया न करता।

फ़ैज़ान

अब तो हमें अपने-आप से भी मोहब्बत होने लगी है
ये तुम्हारी कैसी नज़र है जो हमारा क़द्र खोने लगी है
हम तो बैठे हैं तुम्हारे इंतज़ार में
ये तुम्हारी कैसी घड़ी है जो हमारे लिए कभी रुकती नहीं है
हम तो तैयार हैं अपनी पूरी ज़िन्दगी देने को
लेकिन यहाँ तो कोई ऐसा दावेदार ही नहीं है

फ़ैज़ तुम इतने बुरे भी नहीं हो
जो इस पूरे जहाँ में, तुम्हें कोई घूरने वाला नहीं है

फ़ैज़ का जब फ़ैज़ आएगा
तब तुम देखना
उस दिन चाँद ज़मीन पर आकर फ़ैज़ान हो जाएगा
तब तुम जलते रहना उस सूरज-सा
तब तुम फ़ैज़ में अपना फ़ैज़ न पाओगे
कर ली होती गर थोड़ी भी क़द्र
तो आज
तुम फ़ैज़ के इतने क़र्ज़दार न होते।

घर से स्कूल

प्यार जब हुआ
जब इस चिड़िया का नाम भी नहीं सुना था

तुम्हें देखा तो सोचा ये क्या हुआ?
सारा जहाँ कहाँ खो गया?

स्कूल से घर जाकर सिर्फ़ ये सोचता कि कब सुबह होगी

कब मैं प्रेयर के बहाने, पीछे खड़े होकर
बालों की ख़ुशबू ले पाऊँगा

कब मैं शैतानी करके तुम्हारे हाथों से अपना नाम
ब्लैकबोर्ड पर लिखवाऊँगा

कब मैं अच्छे नंबर लाकर तुम्हें अपनी कॉपी
छूटे हुए काम के लिए दे पाऊँगा

और इसी बहाने उसमें सारी गणित लिख डालूँगा
उस एक दिन से आज तक की
बिना रफ़ कॉलम की लाइन खीचे

हर पल ये सोचता तुमसे कैसे बात करूँ?
कहाँ से शुरुआत करूँ?

स्कूल से आता तो सोचता आज तुम्हारा घर तक पीछा करूँ
आख़िर कहाँ है घर तुम्हारा, ये भी पता करूँ

स्कूल से आता तो सोचता इस बड़ी-सी दिवार पर तुम्हारा नाम लिखकर

एक तीर बना दूँ जो मेरे दिल को छेदे हुए है

जिसे तुम कल देख लोगी
सिर्.फ तुम और कोई नहीं
और गणित में मुझे 100/100 दे दोगी

कई बार सोचा तुम्हारी सहेली से तुम तक
ये फ़रमान पहुँचा दूँ

लेकिन तुम क्या बोलोगी इस डर से कुछ भी हो न सका

फिर तो यही ठान लिया कि स्कूल के आख़री दिन
जब भी ये स्कूल छोड़ के जाऊँगा
तुम्हारे बैग में चुपके से ये चिट्ठी डाल दूँगा

मैं स्कूल से कभी गया नहीं
ये चिट्ठी कभी बैग में डली नहीं

लेकिन मैंने तुम्हारा नाम ज़रूर
अपने घर के किसी कोने में पेंसिल से लिख दिया है
किसी को बताना नहीं।

मैं भी जीना चाहता हूँ

मुझे मेरा प्यार लौटा दो
मुझसे मेरे अलफ़ाज़ ले लो
मेरा किरदार भी ले लो
गर ये भी कम पड़े तो मेरी सारी कवितायें भी ले लो
लेकिन मुझे मेरे 'मैं' से मिलवा दो

पन्ने फाड़ दूँगा
सब कुछ मिटा दूँगा
उसपर हक़ भी तुम्हें दिलवा दूँगा
लेकिन मुझे मेरा प्यार दिला दो

अरे यार आपको बात ही समझ में नहीं आ रही है
I'm serious
isn't ?

मेरी कहानी तो कभी शुरू हुई ही नहीं
नज़रों से मिले थे और नज़रों से जुदा
कभी गुफ़्तगू करने का सबब ही न मिला

मैं आपसे भीख माँगता हूँ मुझे मेरा प्यार दिला दो

मैं भी उसके साथ घूमना चाहता हूँ
अपने जज़्बातों को बयान करना चाहता हूँ

सालों से बातों का गोला बना हुआ है
उससे अब एक स्वैटर बुनना चाहता हूँ

रात को मोबाइल पर बेवजह बातें करना चाहता हूँ

सोने से पहले उसके आख़री मेसेज के बाद भी
मैं और दस मिनट इंतज़ार करना चाहता हूँ

उसके बालों में उँगलियों को फेरना चाहता हूँ
राजीव चौक से उसके लिए एक झुमका लेना चाहता हूँ

सर्दियों की दोपहरी किसी पार्क में
उसके स्टॉल से मुँह ढककर सोना चाहता हूँ

उसके पैर में पायल को सजाना चाहता हूँ

पागल होना चाहता हूँ
एक सेकंड, वो तो शायद हो चुका हूँ

अपने आप को मिटाना चाहता हूँ
ख़ुद में ख़ुद को मिलाना चाहता हूँ
कुछ पल तो मैं भी जीना चाहता हूँ।

तुम सीटी, मैं कूकर

तुमने मेरे किरदार को फाका
मेरी नसों में घुसे घुनों को छाना
मेरे ख़्यालो पर फूका और हलके हाथ से उन्हें एक तरफ़ा करती गई
जिस्मों के निचोड़ का छोंका ऐसा लगा
की भगरने के अंतिम चरण को पाने के लिए
अपने-आपको उसमें झोक दिया
मैं पकने की ख़ुशी में
इत्मीनान से कूकर की ग़र्द में जाकर सुकून से बैठ गया

लेकिन तभी तुम मोहब्बत नाम की सीटी लगाकर
बालकनी से फुर्र हो गई
मैं पकता रहा, तपता रहा
सीटियों पे सीटियाँ आने लगीं
सीटियों के शोर में
मैं चीख भी नहीं पा रहा था
जलने की बू आने लगी थी

मैं पैरों तले जलने लगा था
महक इतनी बढ़ी
कि किसी का दस्तक देना लाज़मी हो चला था
वो तो शुक्र मनाओ उनका
जिन्होंने अपने दुपट्टे से उस सीटी को नीचे कर दिया
वरना क्या क्या होता?
जब वो कूकर सीटी से जुदा होता

वैसे जले हुए चावल लगते बड़े लज़ीज़ हैं।

सब ठीक है?

सब चुप हैं
ठीक है

हम भी चुप हैं
ठीक है

बोलते इतना क्यों थे ?
जब सब ठीक है ?

उन्होंने अपनी बज्जि में टूट-फूट कहकर खेल बढ़ाया
सबने कहा ठीक है

तो हमने भी कह दिया
कि भैया यहाँ सब ठीक है

ठीक है के चक्कर में
आज ख़ूब टूट-फूट हो रही है

खुलेआम हो रही है

फिर भी कहते सब
के सब ठीक है

बस में बैठा एक शख़्स
पड़ोस में रहते परिवार
एक क़रीबी दोस्त
कई दोस्त
फेसबुक पर कई दोस्त

सिनेमा हॉल में पॉप-कॉर्न चबाते
मेट्रो में बग़ल में बैठा
किराने का दुकानदार
बिल्डिंग के लोग
लोग, हर तरफ़ लोग
कहते के सब ठीक है

श्श्श...........

शांत रहो
बज्जी हमारी है
तोड़-फोड़ सिर्फ़ हम करेंगे
कहते ऐसा लोग हैं
कि भैया यहाँ सब ठीक है

हमने तो है
अब आँख मूँद ली
और कह दिया ख़ुदा से

के यहाँ सब ठीक है ?

दरवाज़ा

आपने कितनी बार इश्क़ किया है ?
बताइए ? घबराइये नहीं
3 बार 5 बार चलिए मान लेते है 10 बार
और उनमें से कई मंज़िलें मिली भी होंगी
पहले इश्क़ को छोड़ के, हाहाहा
लेकिन क्या आपने कभी ऐसा सुना

कि किसी लड़के ने 9 मंज़िल बिल्डिंग बनाई
और उसे किसी भी फ्लोर में जगह नहीं मिली

या यूँ कहें कि उसकी उन दरवाज़ों से
कुछ कहने की हिम्मत न हुई

ऐसा नहीं था कि one-sided लव था

दीवानी वो भी थी, दीवाना वो भी था

बस एक दिक़्क़त थी उसके साथ
कि वो शर्मीला बहुत था

इसी चक्कर में
वो आज भी सिंगल है

स्मार्ट था और है भी
इंसान भी ठीक-ठाक है
बस थोड़ा सनकी है

क्या मिलेगा किसी को आज के इस बाज़ार में

ऐसा लड़का ?

आज वो बिकने के लिए खड़ा है
और अब वो उतना शर्मीला भी नहीं रहा

मौक़ा अच्छा है
इससे पहले कि कोई और उसे पटा ले

आज तुम अपने फ्लोर का दरवाज़ा खोल के
उससे कुछ बातें कर लो।

चकाचौंध

इसी में ढल जाओगे
इसी में पिघल जाओगे

दो दिन की चाँदनी के लिए
तुम कितना तरस जाओगे

उस तरस के सिलसिले में
तुम उलटी सीढ़ियाँ चलते जाओगे

गिरोगे थपाक से
मुँह से आह निकलेगी

याद आएगी वो पहली सीढ़ी जहाँ
2 दिन की चाँदनी नहीं पहुँच पाई थी।

नशा

मेरी क़ब्र रखना ज़रा लम्बी मेरे क़द से
मेरी क़ब्र रखना ज़रा लम्बी मेरे क़द से

क्योंकि साला कहीं फिर उठ खड़ा न हो
ये ख़्वाहिशों का पुतला
बड़ा बनने की फ़िराक़ में।

21 ग्राम

मेरे बाए फेफड़े को फाड़कर उसमें हाथ डालना
21 ग्राम का भद्दा-सा गोश्त का टुकड़ा लटका होगा
ज़रा उसे खीचना
जी, मैं दिल की ही बात कर रहा हूँ

उसे उखाड़ दो यहाँ से
कि वो धड़कना भूल जाए

उसे उखाड़ दो यहाँ से
कि वो इश्क़ में डूबना भूल जाए

उसे उखाड़ दो यहाँ से
कि तुम्हारा नाम लेने में टूट जाए

उसे उखाड़ दो यहाँ से
कि इश्क़ की तपिश में जलना भूल जाए

उसे उखाड़ दो यहाँ से
कि रोंगटे खड़े करना भूल जाए

उसे उखाड़ दो यहाँ से
कि तुम्हारे प्यार में पसीजना भूल जाए

यहाँ, थोड़ा-सा बाएँ
यहीं वो साला दुपका बैठा है
नोचो तो ज़रा
छोड़ो ये भी नहीं होगा तुमसे
उसके लिए क़रीब आना पड़ेगा

और फिर इतना क़रीब अगर पहले ही आ जाते
तो ये 21 ग्राम धड़कना नहीं भूलता।

तुम मौत नहीं

मौत तुम एकदम से मत आना
मुझे बता देना पहले से
ताकि मैं सज-धजकर तुम्हारा इंतज़ार कर सकूँ

मौत तुम छुपकर भी मत आना
मैं तुम्हें अपनी खुली आँखों से देखने का तसव्वुर पाना चाहता हूँ
मौत तुम मुझे छू लेने के बाद एकदम से अपनी आग़ोश में मत ले लेना,
ताकि मैं साँस रहते तुम्हें चूम सकूँ
फिर हौले-हौले तुम भी मुझे चूमना
और मेरी साँसों को अपनी साँसों में समा लेना
वरना ये बन्दा फिर उठ खड़ा होगा तुम्हें चूमने को
और तब तुम वहां न आ सकोगी
मौत तुम एकलौती हो जिससे मुझे हद से भी ज़्यादा मोहब्बत है
क्योंकि तुम एक बार आने के बाद कभी जाओगी नहीं

मौत तुम मौत नहीं,
तुम एक नशा हो।

प्रेम

मैं हूँ एक पतंगबाज़
जो अपनी पतंग को किसी क़ीमत पर नीचे नहीं आने देता
फिर चाहे उसकी उँगलियाँ ही क्यूँ न कट जाएँ खींच से
जब सारी उँगलियाँ कट जाएँगी माँझे से मेरी
तब मैं झट से वक़्त से टाइम प्लीज़ कहकर
सब उँगलियों पर टेप चिपका लूँगा
और फिर तुम्हें आसमान में उड़ने के लिए ढील देता जाऊँगा
मैं खड़ा रहूँगा एक सच्चे पतंगबाज़ की तरह
जलती धूप में, कड़कती बारिश में, तेज़ आँधी में भी
तुमसे वादा है मेरी पतंग
मैं तुम्हें हरगिज़ न छोड़ूँगा
ना ही काटने दूँगा किसी को तुम्हें
लेकिन मैं क्या करूँ ?,समझ नहीं आता
ये जानते हुए भी कि एक न एक दिन तो तुम्हें...
नहीं बिलकुल नहीं, मैं हूँ एक दीवाना पतंगबाज़
जो अपनी पतंग कभी नहीं छोड़ता
और अगर वो कट भी जाए
तो एक छोटे बच्चे की तरह भाग पड़ता है गलियों, सड़कों, मकानों में
लूटने अपनी पतंग
और कहता है उन रूठी हुई आंटी से जो चिढ़ती है मेरी पतंगबाज़ी से
मैं एक मीठी हँसी के साथ हिचकिचाते हुए कहता हूँ
आँटी जी वो मेरी पतंग आप की छत पर आ गई है दे दीजिये
मैं हँसता हूँ मन में
ये आंटी जानती नहीं
कि मैं इनकी छत पर कूद-फाँदकर भी ला सकता हूँ
लेकिन नहीं, शायद इन्हें इत्तला है मेरे हुनर की
तभी तो ख़ुद ही दे दी मेरी पतंग
मैं लगाता हूँ सीने से उसको और झाड़ता हूँ धूल उस पर से

बेसुध अपनी धुन में दोड़ा चला आता हूँ
ले आता हूँ महफ़ूज़ उसे अपनी मुंडेर पर

एई, तुम्हें एक सच बताऊँ

वैसे टेप लगाने से कुछ ख़ास फ़र्क़ नहीं पड़ता
धँसता जाता है माँझा खाल के बिलकुल अन्दर
और बिलबिला जाता हूँ मैं एकदम से

तुम्हें क़सम है, उसे बताना मत ये बात

क्योंकि मैं हूँ एक पतंगबाज़
जो गिरने नहीं देता अपनी पतंग, प्यारी पतंग।

फ़ैज़-ए-अर्श (फ़ैज़ान-2)

ये इश्क़ क्या है ?
आज मैंने जान लिया
बल्कि पूरी तरह पहचान लिया

वो इश्क़ का समंदर, दरिया, आँखें, डूब के जाना वग़ैरह-वग़ैरह
वो सब कुछ आज समझ आ गया
मैं यूँ ही फ़िज़ूल में इश्क़ करने वालों को दोषी ठहराता था
या फिर उस पर लिखने वालों को

वैसे वो कहीं-न-कहीं दोषी तो है
क्योंकि उन्होंने बहुत-सी बातें नहीं लिखी इश्क़ के दरमियाँ की
जो मैं अब महसूस करने लगा हूँ
पता नहीं क्यों तुम्हारा नाम जपने लगा हूँ
सुनता था इंतज़ार का फल मीठा होता है
पर इतना मीठा होता है ये आज जाना

लो देख लो, सब लोग देख लो

फ़ैज़ान का फ़ैज़ आ गया है
वो चाँद ज़मीन पर आ गया है

अर्श से लाया है फ़ैज़ उसको
जिसको फ़ैज़-ए-अर्श हुआ है।

कुछ शब्द यूँ ही

1.
मोहब्बत अगर मोहब्बत है
तो फिर सेक्स क्या है?
सेक्स अगर मोहब्बत है?
तो फिर मोहब्बत क्या है?

2.
कीड़े रौशनी की तरफ़ क्यों भागते हैं?
चाँद में इतने दाग़ क्यों है?

3.
कुत्ता भी अपना असली चेहरा लिए घूमता है
लेकिन तुम तो अब वो भी कहलाने लायक़ नहीं।

4.
प्रेम की कविताएँ सिर्फ़ वो लिखते हैं
जिन्होंने किया है
मैंने जिया है, इसलिए नहीं लिख पाता।

5.
ज़िन्दा है 'ज़िन्दा' शब्द के एहसास होने से
मरेंगे 'मरने' शब्द का एहसास न होने से।

6.
मैं कुत्ता हूँ
मुझे और भी बहुत कुछ पता है
बताने की ज़रूरत नहीं।

7.
नक़ली शब्द कितना असली है
क्या तुम असली हो ?

8.
सारी उम्र ये सोचा कि बिना मतलब के सीख रहे हैं
सीखना भी तो अपने-आप में एक मतलब है
कितने मतलबी हो जी तुम !

9.
गुरु, गुरु क्यों होते हैं ?
शिष्य क्यों नहीं ?
शिष्य, शिष्य क्यों होते हैं ?
गुरु क्यों नहीं ?

10.
कविताएँ मधुर क्यों होती है ?
क्या सारे कवि झूठे हैं ?

11.
सच, सच नहीं
झूठ, झूठ नहीं
क्या, क्या नहीं
मैं, मैं नहीं
तुम, मैं नहीं।

12.
बिल्ली, बिल्ली होती है शेर नहीं
कुत्ता, कुत्ता होता है सियार नहीं
गधा, गधा होता है घोड़ा नहीं

इंसान, जानवर होता है इंसान नहीं।

13.
शीशे के बाहर एक मैं
शीशे के अंदर एक मैं
बाहर और अंदर के बीच में एक और मैं
तीन मैं से बनता है संसार
पूरी सृष्टि।

14.
ये ज़िन्दगी क्या है?
जिस दिन मालूम हो गया
उस दिन इसका नाम ज़िन्दगी नहीं
कुछ और होगा।

15.
प्यार को सिर्.फ़ महसूस किया जा सकता है
तो फिर महसूस को क्या महसूस करना चाहिए?

16.
मर्दों के अंदर दो लिंग होते हैं
एक दिमाग में और एक...

17.
आसमाँ में तबियत से पत्थर उछालने से
आसमाँ में छेद नहीं होता
छेद आपके दिमाग़ में होता है।

18.
आग का दरिया है डूब के जाना है
मुझे तैरना नहीं आता, मैं डूबूँगा नहीं।

19.
ज्ञान, धर्म, दौलत, विज्ञान कुछ नहीं होता
अगर होता तो आज हम लोग जी रहे होते।

20.
दुनिया का सबसे मज़बूत रिश्ता प्यार है
सबसे कमज़ोर भी प्यार है।

21.
प्यार करने वाले प्यार की बाते करते हैं
प्यार न करने वाले भी प्यार की बाते करते हैं
प्यार की बाते न करने वाले लोग कौन होते हैं?

22.
कौन का मतलब मैं
मैं का मतलब स्वार्थ
स्वार्थ का मतलब इंसान
इंसान का मतलब जानवर
जानवर का मतलब मासूम
मासूम का मतलब बच्चा
बच्चा का मतलब भगवान
भगवान का मतलब 'कौन'?

23.
मीठे में तीखा है
तीखे में मीठा

पानी में आग है
आग में पानी

इंसान में हैवान है
हैवान में इंसान

कठोरता में कोमलता है
कोमलता में कठोरता

शून्य में अनंत है
अनंत मे ?

24.
तीन चीज़ों से पृथ्वी बनी है
तो क्या पृथ्वी भी तीन बनी हैं ?

25.
हर कुत्ते का एक दिन आता है
आज तुम्हारा है, कल भी तुम्हारा होगा।

26.
मर्द रोते नहीं
इसलिए वो मर्द होते नहीं।

27.
कोई भी चीज़ हारी नहीं जा सकती
अगर
आप स्वयं को जीता हुआ ना माने।

28.
जैसे अपनी-अपनी दुनिया है
वैसे अपने-अपने भगवान है
जहाँ उनसे पूछकर उनका भगवान
उनके लिए नियम बनाता है।

29.
आस्तिक, नास्तिक होता है
और नास्तिक आस्तिक

ज्ञानी, मूर्ख होता है
और मूर्ख ज्ञानी

Mature, ameture होता है
और ameture, Mature

क्योंकि नास्तिक, मूर्ख और ameture
ये सब अपने अस्तित्व को मानते हैं
और आस्तिक, ज्ञानी और mature
ये अपने अस्तित्व को अभिमान मानते हैं।

30.
अगर धर्म की लड़ाई है
तो तुम क्यों लड़ते हो

धर्मों को लड़ने दो
धर्म तो अपनी रक्षा ख़ुद कर सकता है

अगर वो तुम्हारी करता है तो?

31.
हमको हम जैसा ग़रीब कोई मिला नहीं
आपसे मुख़ातिब हुए तो इत्तला हुई
ख़ता थी कोई गिला नहीं।

32.
मिर्ज़ा-ए-ग़ालिब तेरा जलवा-ए-अफ़रोज़ है
ये तेरा कैसा फ़ैज़ है कि तेरा क़लम भी कलमा है।

33.
तुम जानकार करोगे क्या कि हम क्या चीज़ है?
कहीं दिख़ा दिया और खा गए ब्रेड पर लगाकर तो?

34.
जब ख़ुदा चाह ले किसी बन्दे को मुकाम तक पहुँचाना
तब वो मुकाम ही छोटा लगने लगता है।

35.
निकल पड़ा हूँ उस राह पर जहाँ न मंज़िल दिखाई देती है न किनारा
दिल को सुकून तो बस इस बात का है कि निकल पड़ा हूँ।

36.
कितनी ही कहानियाँ अधूरी पड़ी हैं
कितनी ही कविताएँ और ना जाने कितनी नज़्में
इनके पूरे होने के इंतज़ार में ही जी रहा हूँ बस।

37.
मैं मिलाता हूँ सत्य अपने हिस्से का
तुम अपने हिस्से का सत्य मिलाओ
आओ कर दें आज असत्य (सारे) जो हुए थे साबित सत्य।

38.
मेरी ज़िंदगी कज़ा नमाज़ों की तरह हो गई है
जिन्हें चाहे जितना अदा कर लो उम्र भर कज़ा ही रहनी है।

39.
मैंने टाला है मौत को कई बार
अब जीने को टाल रहा हूँ।

40.
ज़िन्दगी ही तो है, कट जायेगी
कुछ रंग-बिरंगी गोलियाँ ही तो हैं
सब में बट जायेंगी।

ये भी अपने हैं

You should know the past for making future better.
You should live in present for making past better.
You should do hardwork for future for making present better.

Neither is villain nor is hero.
Neither is bad nor is good.
Neither is god nor is devil.
Neither is hell nor is heaven.
Neither is immortal nor is mortal.
Neither is negative nor is positive.
If you being neutral.

In the world, million of people think
they are diffrent or their lifes are diffrent
but
they don't know
whenever this point comes to their mind
they make themselves indifferent.

There are many people.
There are many thoughts.
There are many quotes.
Do whatever you want to do.
Why you are listening and following them.

When you have your own thoughts and own quotes.
Including you ain't gonna follow this quote.

It's not important to create an opportunity or to catch it
important is,
what you will do?
when opportunity comes to you.